CONCEPTOS CON

ANGEL

(PLATICAS CON DIOS)

ARTURO TORRES

JUAN RICO

VIVE

REALIZANDO

LAS

COSAS PEQUEÑAS

PERO

EN GRANDE.

Order this book online at www.trafford.com
or email orders@trafford.com

Most Trafford titles are also available at major online book retailers.

Printed in the United States of America.

ISBN: 978-1-4251-9000-2 (sc)

Trafford rev. 06/24/2011

 www.trafford.com

North America & International
toll-free: 1 888 232 4444 (USA & Canada)
phone: 250 383 6864 ♦ fax: 812 355 4082

INDICE

PRIMERA PARTE

SEGUNDA PARTE

Agradecimientos

A todas las personas que colaboraron para que esta obra fuera realizada, a la paciencia y perseverancia de cada una de ellas.

Al señor Miguel Angel Contreras por la gran idea de esta obra.

James Ruggeri por el diseño del empastado.

Gerson Torres por su gran ayuda en compaginar y organizar el contenido de el interior.

Ofelia Contreras, Rocio Rico y Gloria Torres, por ser nuestras campañeras en el peregrinar de nuestras vidas y a todas aquellas personas que de alguna manera han sido pilar en nuestras vidas para lograr nuestras metas y objetivos.

Pero sobre todo a DIOS por la inspiración que nos da al seguir luchando por nuestros objetivos, metas y sueños.

Gracias

INTRODUCCION

Este libro esta dividido en dos partes.

En la primera parte, encontraras siete platicas con Dios; con referencia a un tema especifico, ubicando al final, algunos conceptos encontrados de esos temas.

El objetivo de esta primera parte del libro; es inducir al lector a la reflexión y al discernimiento, a través de escuchar lo mas sabio que Dios le va diciendo por medio de aquella platica. y así los conceptos de la temática, sean el material para que el lector se de tiempo para si mismo y practique la meditación.

En la segunda parte, el lector podrá adentrarse y profundizar hasta su propia interioridad.

El autor desaparece y el lector se encontrara a solas con Dios,dando vida a una nueva relación con Dios.

Conforme avance la platica y el lector mas en serio va tomando las palabras expresadas por su Dios, ira adquiriendo compromisos y convicciones, hasta llegar a la pregunta transformante que al final Dios le planteara. y le servirá como parámetro en su vida.

UNA REFLEXION
PARA TI.

La dignidad del ser humano parte de su propio comportamiento y su actitud, basándose en los principios de cada persona.

Principios que provienen de la educación, tanto académica como religiosa y puestos en practica de acuerdo a los principios, origen y cultura de sus padres.

Con el paso del tiempo, uno como persona empieza a formarse sus propias ideas; sobre personas, sociedad, política y religión.

Es cuando surge la opinión individual, el punto de vista propio y hasta la practica del libre albedrío.

Es muy común que en la adolescencia, el ser humano empiece a descubrir muchas cosas, como; la diferencia entre diferentes credos a través de los continentes y diferentes nombres que se le da al ser supremo por quienes muchas personas nos guiamos. Nosotros lo llamamos Dios, otros Jehová, hay quien lo llama Ala, otros Buda, pero eso no cambia mucho entre los seres humanos, porque al fin, todos son puntos de vista que nosotros hacemos fuertes o débiles de acuerdo a la fe que pongamos a cada uno de ellos.

Recuerdo cuando cursaba la secundaria y que mi adolescencia estaba en todo su esplendor. llega la necesidad de explorar, de buscar, llega el momento de tener su punto de vista sobre algo y pelear por el, aunque debido a la inexperiencia estemos equivocados.

Recuerdo, yo entable amistad con un muchacho de descendencia oriental, al quien todos por cariño apodaban el "chinito".

Me impactaba que era una persona muy seria, no hablaba con nadie y debido a eso empezó mi curiosidad por saber mas acerca de el. con el tiempo pude saber que era hijo único, que sus padres tenían una posición económica desahogada y que era una persona muy falta de afecto. sin amor su rostro reflejaba tristeza y por eso mas me interesaba por saber o aprender mas de el o sus costumbres debido a que eramos totalmente diferentes.

En esa época mi curiosidad por conocer el mundo era muchísima, mis emociones empezaban a despertar, surge mi primera novia y diferentes y nuevas emociones despiertan dentro de mi, veía la vida un poco diferente, le encontraba sentido a la musica y así sucesivamente. la vida sigue su curso y nosotros vamos madurando en todos los sentidos.

A través de los días, mi amigo el chinito fue poco a poco   platicando conmigo y me di cuenta que su padre se dedicaba al negocio de restaurantes, por lo tanto me platico que el no tenia mucho de que preocuparse ya que un día heredaría todo y su vida estaría resuelta, fue cuando le dije que lo que sus padres tenían era un patrimonio, que su padre había hecho del producto de su trabajo y que ahora le correspondía a el encontrarse asi mismo, tratar de averiguar cual era su misión o su objetivo en la vida. Le expuse que yo era un muchacho entusiasta, lleno de sueños y que tenia mucha fe en terminar una carrera, conocer otros países, tener mucho dinero, casarme, tener hijos, tener coches... y dar rienda suelta a mi imaginación con el propósito de motivarlo, pero el me contesto que asistía a la escuela para complacer a sus padres, fue entonces que me motivo a platicar mas seriamente con el,diciéndole que nosotros eramos los arquitectos de nuestro propio destino y los responsables del resultado de nuestras acciones.

Le explique que todo lo que hiciéramos, lo hiciéramos con un propósito, pero siempre llenos de fe y esperanza. le puse el ejemplo del campesino que siembra con la fe de que su semillas serán multiplicadas transformándose en una abundante cosecha. también platicamos sobre el futuro que nos prepara el destino y le dije que yo no estaba muy seguro del destino, le comente que todo acontecimiento estaba conectado a un principio, por lo tanto tenemos que ser muy específicos en lo que buscamos y que si buscamos algo grande en nuestra vida debería ser con mucho esfuerzo,dedicación y perseverancia, solo así llegaremos al final de nuestra meta.

Mientras el chinito continuaba haciendo de su vida una rutina diaria yo insistía en que cada mañana que Dios nos permite levantarnos, es una nueva oportunidad para hacer nuevos propósitos. le dije; si algo salio mal ayer no debemos desmayarnos, por eso debemos corregir errores y seguir adelante, combinando razonablemente dedicación y esfuerzo y así lograremos muchos de nuestros propósitos.

Todos los seres humanos tenemos que aprender a controlar nuestras emociones y lograr un equilibrio emocional para poder tomar decisiones mas acertadas como la misma biblia lo dice... porque de la abundancia del corazón habla la lengua.

Y logrando el equilibrio emocional cometemos menos errores, especialmente si usamos la fe como punto de partida y el amor a Dios en cada peldaño para poder llegar a donde deseamos. por que si buscamos un balance entre lo positivo y lo negativo siempre saldremos adelante.

Para trascender hay que caminar por el mundo y dejar en cada paso algo valioso para poder renacer en nuevas generaciones, por nuestro legado, por nuestras ideas. y si queremos avanzar es importante disfrutar la vida dejando atrás lo desaprovechado. vivir el presente a plenitud, pero siempre proyectando hacia el futuro, para poder ser responsables de nuestras acciones, sin olvidar que existe la ley de la causa y el efecto, la acción y la reacción.

Si todo lo que emprendemos lo hacemos con mucho amor, fe y esperanza el resultado es asombroso.

El amor es ese sentimiento que se anida en el corazón de aquel que lo busca.

Algunas falsas personas hablan del amor sin sentirlo, el vanidoso hace alarde del amor sin

entender su real sentido,siempre quiere exhibir algo
que jamas ha sentido, el envidioso habla del amor
sin comprender su significado simplemente porque
otros lo tienen, el egoísta quisiera conocer el amor
para utilizarlo en su beneficio y explotarlo al
máximo.

Pero cuando el verdadero amor llena el corazón
de alguien, ese alguien camina silenciosamente por
las calles feliz, con una sonrisa en su rostro y una
mirada radiante, una actitud positiva, limpia y
honesta, capaz de despertar curiosidad en la gente,
porque quien posee el amor, es una persona
espiritual, llena de fe y segura de si misma.

La espiritualidad es una búsqueda individual,
desligada de cualquier credo especifico. cuando el
amor a tus semejantes se practica en todo su
esplendor te invade la felicidad hasta lograr el
éxtasis y la plena realización como ser humano.

En muchas personas el amor empieza en tener la
conquista de las necesidades superiores. cuando por
medio del amor logres reencontrarte a ti mismo y
descubras las fuerzas internas que posees,podrás
controlar tus acciones, estarás cada día mas cerca
de Dios y te habrás encontrado contigo mismo.
cuando busques continuamente tu desarrollo y

puedas equilibrar tus motivos o elementos fundamentales como el bien estar, el bien vivir, el bien hacer, en cada acción de tu vida y si por medio del amor llegaras a considerar tu voluntad, conocimientos y habilidades, podrás trascender por ti mismo.

El prodigio de la naturaleza, la sonrisa de un niño, el juguetear de un perrito, el equilibrio y la unidad de todos los seres humanos, todo es reflejo de nuestro Dios, atento a cambios y avances en nuestras vidas.

Mi amigo el chinito y yo hablamos por teléfono de vez en cuando y platicamos de algunas cosas y se despidió con la siguiente frase: amor es nunca pedir perdón, si el centro de nuestra vida es Dios y nuestra esperanza es el mismo.

Todo lo que apunta al FUTURO Eleva la ESENCIA y el propósito del ser HUMANO

PRIMERA PARTE

PLATICAS CON DIOS

LIBERTAD

Por que me angustio, padre Dios, y me estrecho a mi mismo ? porque ? si se que tu estas conmigo.

Parece que mis problemas invaden mi mente y exclavisan mis pensamientos. y no me permiten ver el verdadero sentido de la vida.

El tiempo pasa y hay tantas cosas que deseo realizar, pero me siento atado de pies y manos,no se me permite meditar y reflexionar ,porque no hay cavidad para esto. Mi mente esta totalmente ocupada con tantos problemas y buscando soluciones, que todo lo demás no es real,entra solo en lo fantasioso. siento que he perdido la libertad y el control de mi mismo. vivo solo de algunos espacios y momentos que la mente me permite pensar en algo mas que lo `practico`.

Inicio esta búsqueda en ti, tratando de encontrar respuestas, aunque se que tu lenguaje preferido es el silencioso por favor pon le palabras a tu expresión para entenderte y trascender.

Padre Dios, que es la libertad ? después de unos momentos de espera vino Dios a mi y me dijo:

Mi hijo, no hay un gusto mas grande para mi, que el que se me busque. esa es la misión del ser humano; buscar, buscar con libertad. Buscar es vivir. desde la plenitud del tiempo o en un momento determinado cada ser humano inicia desde un punto de partida y llegara a un punto final .desde el punto inicial al punto final,le llaman vida.

Y la vida esta comprimida en un tiempo, en un espacio, en una materia,en unas realidades etc. pero hay quienes consumen este tiempo a lo vano, en un vacío, cuidando la materia u observando solo las realidades,pero sin vivir, sin buscar. guiados y movidos por espejismos y motivaciones, enfocados a la superación pero sin realización.

No entiendo Dios. Mira, hay quienes se superan y llegan a ser alguien y a tener algo, pero nunca se han realizado, porque no lo han logrado por mi, sino por si mismos. a base de su capacidad y empujados por el éxito. pero la capacidad es limitada, el éxito es pasajero de este tiempo, la suerte es compañera de esas realidades, de ese espacio donde se deseen vuelven. hay hombres de éxito que tienen todo: Poder, riqueza, inteligencia...pero no son felices.

POR QUE DIOS ?

Porque están llenos de si mismos. no me necesitan a mi o me necesitan muy poco. Por ejemplo: si están llenos de si mismos en un 99% yo solo tendré presencia en ellos 1% . aquel que estuviera vacío de si mismo al 1% entonces yo llenaría con un 99% para completar el 100.

Oh! ahora entiendo: que entre menos yo, mas tu en mi, entre mas yo, menos tu en mi. Es como una ley de proporcionalidades.

Exacto. mencionas la palabra ley y me preguntas que es libertad.

Mira, cuando libere a la raza de Jacob del pueblo de Egipto, lo primero que hice despues de llevarlos por el desierto, fue darles una ley, unas reglas de conducta, los mandamientos. porque no puede haber libertad sin una ley.

Cuando crié a Adán y a Eva les puse una prohibición: que no comieran del árbol de la ciencia del bien y del mal. No obedecieron y fueron arrojados del paraíso a un espacio donde quedaron sujetos a otras leyes. pero no perdieron su libertad. la libertad de elegir entre el bien y el mal.

Cuando cualquiera de mis hijos quiebra una ley o no cumple uno de mis mandamientos, paga una consecuencia, pero no pierde la libertad, porque la libertad es una de las semejanzas del ser humano para conmigo. y yo soy la libertad o la libertad esta en mi.

Cuando mande a mi hijo querido, a mi elegido. el los libero de las cadenas del mal. marcándoles un camino, porque el a si mismo lo dijo: yo soy el camino, la verdad y la vida.

No desapareció el mal, sino que les marco camino para llegar a mi. respetándoles la libertad de elegir: seguirlo o no.

Padre Dios, ahora entiendo y me recuerdo de una historia real que me impacto. te la puedo contar ? Si claro, por supuesto.

`LIBERTAD PERFECTA`

como alguien que ha cumplido sentencia en prisiones, y que desde entonces ha permanecido la mayor parte de su vida trabajando en ellas, nunca olvidare la prisión mas insólita que he visitado. llamada prisión Humaita, esta en Sao Jose dos campos,en Brazil. fue anteriormente una prisión gubernamental y ahora es administrada por la fundación de correccionales en Brazil, como alternativa, sin guardias armados o seguridad de avanzada tecnología. En cambio, se maneja con los principios cristianos de amor a Dios y respeto a los hombres. Humaita solo tiene dos trabajadores de tiempo completo; el resto del trabajo lo realizan los 730 internos que cumplen sentencia por diversos delitos, desde asesinato y asalto hasta robo y crímenes relacionados con narcóticos. a cada hombre se le asigna otro interno por quien es responsable. Además, cada prisionero tiene un mentor voluntario externo, que trabaja con el durante su sentencia y después de ser puesto en libertad. los presos toman clases de desarrollo de la personalidad y se les fomenta a participar en programas educativos y religiosos.

Cuando visite esta prisión me di cuenta de que los internos sonreían, en especial el asesino que tenia las llaves, quien abrió las puertas y me dejo entrar. adondequiera que iba, veía hombres en paz. observe dependencias muy limpias. me percate de que las personas trabajan industrialmente. las paredes estaban decoradas con frases alentadoras y de la Biblia.

Humaita tiene un registro asombroso:su tasa de reincidencia es del 4% contra el 75% en el resto de Brazil. como es posible? conocí la respuesta cuando mi interno guía me escolto a una famosa celda, que una vez se uso como de castigo. hoy me contó siempre aloja al mismo interno.

Llegamos al final del largo corredor de concreto y el metio la llave en la cerradura; hizo una pausa y me pregunto: esta seguro de que quiere entrar? por supuesto replique impaciente. he estado en calabobos por todo el mundo.

Despacio abrió la gran puerta, y vi al prisionero que habitaba la celda; un crucifijo bellamente tallado.

Era Jesús colgado de la cruz.

Esta cumpliendo una condena por todos nosotros. Dijo mi guía en voz baja.

Así es mi hijo, Jesús los libero y pago por todos sus pecados, pero les dejo la libertad por amor a ustedes y lealtad a mi.

Fíjate; hay otra historia que dice: había un maestro en un pueblo que era muy atinado en sus enseñanzas y aunque había algunos envidiosos de ese pueblo que seguido lo ponían a prueba, siempre salia victorioso.

Cierto día tramaron algo que parecía iba a comprometer a este maestro, pues no tendría salida. así que armaron un formulario para que aquel maestro sabio quedara desacreditado. se pusieron de acuerdo y tomaron un pajarito dejándolo dentro de las dos manos cerradas. se le iba a preguntar que tenia en las manos. si tenia vida o si tenia muerte ? Si el maestro decía muerte, el abriría las manos y soltaría al pájaro para que volara, por lo tanto se equivocaría, y si decía vida entonces lo presionaría con las manos y también se equivocaría, pues seria muerte. llego el día en que el maestro enseñaba en la plaza, y fueron estas personas hacia el .y le preguntaron:maestro, que tiene el en sus manos ? vida o muerte ? El maestro percibiendo la mala intención de estas personas, les contesto: en sus manos tiene la libertad y el poder de decidir entre vida o muerte. no sabiendo que hacer ante sabia respuesta, se retiraron avergonzados.

Así todos ustedes humanos, tienen en su ser la libertad y el poder de decidir entre el bien y el mal. Mi hijo, si en este inicio de búsqueda hay verdad en ti, buscarme y no tardare, yo vendré a ti.

CONCEPTOS UBICADOS

- Buscar es vivir.
- Entre menos yo mas tu en mi, entre mas yo, menos
    tu en mi.
- No hay libertad sin ley.
- La libertad es una de las semejanzas del ser
    humano para conmigo.
- Yo soy la libertad o la libertad esta en mi.
- Les marco un camino para llegar a mi
    respetándoles la libertad de elegir seguirlo o no.
- Les dejo` la libertad por amor a ustedes y lealtad a
mi.

POBRE de aquel

que creyendo

que SABE

no sabe

que NADA sabe

REALIDAD

Estaba reflexionando, pensando e impactado por la historia que me habían contado, que quería entender el verdadero sentido de la realidad.

Me contaban que una pareja había entrado a una tienda a comprar unas galletitas de chocolate que vendían por gramos; la empleada que los atendió iba de salida a depositar al banco, pero al ver que su compañera estaba ocupada, ella puso la bolsa de deposito sobre el mostrador y les peso las galletitas que ellos querían.

Al cobrarles y por las prisas, les dio la bolsa equivocada, y no se dio cuenta hasta que iba a tomar la bolsa de deposito para ir al banco. entonces se preocupo y angustio tanto que se puso a llorar. habían pasado solo unos instantes, cuando la pareja estaba de regreso al frente de ella.`esto no es lo que nosotros pedimos`.dijo el caballero con tono amable y reconfortante. la empleada les dio la bolsa correcta acompañada de un millón de gracias. y después de mirar fijamente a la pareja y hacer una breve reflexión, les pidió; que si podía tomarles una foto y publicarla en un periódico, dado que tenia un trabajo de medio tiempo en esa redactora. y lo haría como homenaje a la honestidad.`ni se le ocurra` dijo el integro hombre, porque para nosotros seria un escandalo,puesto que ella no es mi mujer.

No podía entender que alguien tan honrado pueda ser deshonesto y estar integrando a la misma persona.

Dentro de mi ser nació la exclamación a mi Dios y levante mis ojos al cielo y lo invite a venir a mi. Pasaron solamente unos segundos y la presencia de Dios me envolvió para platicar sobre este tema.

Padre Dios: existen personas malas en este mundo ? Por que me preguntas esto ?

Porque me gustaría saber si hay personas buenas creadas por ti y si también has creado personas malas ?

Mi hijo: todo ser humano ha sido creado por mi. y no he hecho nada mal. No hay ser humano o personas malas como les dices; todos son mis hijos y han sido hechos a mi semejanza. en todos esta mi divinidad, mi aliento, mi espíritu. Yo soy el todo bien, toda paz toda bondad,todo amor y no he hecho ningún ser humano malo,porque nadie es malo, se llenan de maldad. Actúan mal, con sus acciones malas dañan a otros. Y sobre todo,mi hijo,hay un mal actual que esta dañando demasiado a jóvenes y a tu generación; se llama ` criterio `. esos criterios y razonamientos actuales, que hacen que todo se enfoque de la manera mas conveniente para si mismo. esos criterios que aplastan a la conciencia y no la deja hablar.

Esos criterios que modernizan a la mente para que todas las acciones dejen de ser malas y pasen a la generalización. tu has escuchado mas de cien veces: "no es malo" "todo mundo lo hace" etc... a mi me han adaptado a la moda, y debo de entender todas las acciones malas como parte de lo humano, como parte de mi error. Lo que anteriormente marque como mal, hoy, resulta que ya no lo es. Porque para todo hay una escusa,hay un `criterio` que dictamina y lo permite todo. y a cual mas se alinean y respetan a sus propios criterios con mas lealtad que mis mandamientos.

Mira mi hijo, hay humanos con un criterio tan amplio que pueden ver a su mujer desnudarse ante el publico y aplaudir su actuación, y la mujer tan digna y casta, puesto que no ha hecho nada mal.
Algunos jóvenes han cambiado los conceptos del amor por gusto o atracción, y han puesto como pilar principal de su relación; lo sexual. así que, para que una buena relación de pareja se de, es porque existe

una buena relación sexual. por lo tanto dice el
consejero de parejas: " la relación sexual participa
de un 60 a 70 % para el éxito de un buen
matrimonio".

Algunos papas de los jóvenes actuales,han
perdido la actitud correctiva por la imposición de
rebeldía del joven y el temor a perderlos. y están
actuando con `criterio` Halandolos o llevándolos al
libertinaje.

Actualizándose y preparándose concursos para
ser buenos padres. Algunas jóvenes adolescentes
están ahora se creen mas `aguzadas` (poca
inteligencia) y echan mano de cualquier medio para
cuidarse y protegerse de no procrear hijos, aveces
aun no terminan ni la escuela y ya han tenido sexo
mas veces que su propia abuela. y el problema es
que no lo ven como algo malo, porque su
razonamiento se los permite.

Mira mi hijo, por los criterios y razonamientos,
en general, el humano ha confundido los conceptos
de honor, dignidad, amor, honestidad, fe valor, etc...
y se ha alejado de mis leyes, de mis mandamientos,
de lo que es mi voluntad.

Por el mundo siempre encontraras personas muy
buenas cometiendo errores y algunas personas

también actuando mal, pero sin que ellas lo sientan o lo observen así. la diferencia esta en la actitud y en la conciencia, que es estar siempre al pendiente de mi voluntad.

la realidad de la vida es darle importancia a lo que en verdad vives.

Hay tantas cosas practicas que absorben la atención del humano,que olvida las cosas esenciales que dan vida y trascienden. descuidan el motivo por el cual fueron creados y formados tal como son. la tarea encomendada pasa a la linea de lo fantasioso y solamente lo `practico` acapara el tiempo la mente y la motivación.

El ser humano quiere apoyarse mas en el conocimiento que en la sabiduría. porque conocimiento y sabiduría no es lo mismo. el conocimiento es adquirido, la sabiduría es dotada por mi. el conocimiento es desproporcional. en la sabiduría todos son iguales puesto que están constituidos por el mismo espíritu. solo esta en cada uno fortalecerlo, a través de la meditación, la reflexión y el discernimiento.

Tu habrás visto gente muy preparada pero con poca sabiduría y también has visto gente que no tiene estudios pero muy sabia. por eso en lugar de poner a las acciones `criterio` es mejor dejar que yo actúe y me realice como lo que soy Dios.

Si aprendes a depositarte y a confiar en mi, a eso ya le podremos llamar sabiduría. y todo lo que actúes con sentases, esta dentro de lo correcto, aun aparentemente equivocándote. digo aparentemente porque no puede haber error, si yo lo permito y no puedes equivocarte si es parte de mi voluntad.

Mi hijo, tenemos que hablar mas de todo esto. porque tenemos que profundizar hasta llegar a objetivos y compromisos muy claros. mas delante te planteare mi voluntad y lo que deseo de ti. por ahora quedate con esta realidad y no te olvides de reflexionar y discernir todo esto que te he dicho.

CONCEPTOS UBICADOS

- alguien tan honrado pueda ser deshonesto ?
- nadie es malo, se llenan de maldad.
- criterios que aplastan a la conciencia.
- criterios que modernizan a la mente.
- el humano ha confundido conceptos

si **TODOS** nos preocupáramos por los **DEMÁS** jamas tendríamos que preocuparnos por **NOSOTROS** mismos

madre Teresa de Calcuta

MIEDO

Me encontraba caminando por el jardín de la casa, pensando en tantas cosas y sintiendo miedo por lo que pudiera pasar,al ver que estaba toda situación fuera de control. y dentro de mi mente el estar pensando siempre lo mismo, percibía los conductos de mi cerebro,angostos y estrechos. no veía un futuro, ni una puerta de salida. y sentía en mis entrañas una sensación de miedo. un miedo a todo, un miedo a la nada, un miedo por la incertidumbre. pero vino a mi mente el recuerdo de las palabras de mi Dios: 'buscarme y no tardare, yo vendré a ti.`mis rodillas se doblaron y se reposaron en el pasto verde y fresco. cerré los ojos y alce la vista en mi interior, invoque el nombre Dios...Dios...y me envolvió su presencia y tuvimos un encuentro intimo (intimidad = encuentro de dos interioridades) de espíritu a espíritu, de amor a amor, de persona a persona, de existencia a existencia. y Dios me dijo: porque te angustias, hijo mio ? no temas, pues yo estoy contigo.

No mires con desconfianza, pues yo soy tu Dios; yo te he dado fuerzas, he sido tu auxilio y con mi diestra victoriosa te he sostenido.

Padre Dios, lo se, es verdad. Pero algo mas grande que mis fuerzas me sujeta y me dobla el alma (anima-animo) invade a mi mente y me genera un miedo, y quiero sacarlo de mi; aveces puedo, pero regresa y se queda. y vuelvo a luchar pero no puedo. me divido en dos y lucho contra mi mismo: el realista y el soñador; los dos llegan al mismo punto: ' la fe `, pero con diferentes enfoques. El realista dice: ayudate que Dios te ayudara. el soñador dice: abandonarte a Dios y pontee en sus manos. dejalo que el actué.

Dejalo ser Dios. el realista me dice: busca los medios para solucionar los problemas que tu mismo te has buscado. tu estas ahora en este mundo, en este tiempo, en tu vida propia, vivela. al final sera revisada y se checara que se hizo bien y cuales fueron sus errores. a Dios le gusta que cada uno gaste sus talentos y los invierta para bien, con todo su libre albeldrio. da muestra a los demás de su existencia. aporta y trabaja para construir el sueño de oro de Jesús, la construcción del reino de Dios: vivir en amor y paz. el soñador me dice: depositate en las manos de Dios.

Permitele que el actué por medio de tu vida. no le pongas cabeza, criterios y razonamientos, deja que sus pensamientos marquen la verdad, que se haga su voluntad y no la tuya. tu solo ora, ora con fe, aunque parezca irreal el es el dueño del tiempo, el indica cuando es la plenitud del tiempo. recuerda el pensamiento: permaneciendo de rodillas ante Dios, es la mejor manera de permanecer de pie ante los hombres.

Padre Dios: ya no se que es lo que debo de hacer y por eso me da miedo. miedo a equivocarme; a estar en una pasividad en lugar de estar trabajando, o trabajando en lugar de estar abandonado en tus manos. que hago Dios ? mira mi hijo: recuerdas las palabras de la madre teresa cuando la periodista la entrevistaba a la bajada del avión ? quería extraer el máximo de palabras y le preguntaba: madre teresa, que debemos hacer para ser santos como usted ? porque usted ya es una santa en vida. la madre teresa le contesto: haz el bien y no hagas el mal. para la periodista no era suficiente, eran pocas palabras y no le retiraba el micrófono. insistía, si madre teresa... pero... esperaba mas. y la madre teresa ya había contestado todo.

Con esto quiero decirte, mi hijo; que la simplicidad es un pilar de la sabiduría. cuidado con confundir simplicidad con simpleza. simpleza es vacío, es nada, es simplón. simplicidad es la extracción de la sabiduría compactada en pocas palabras, cuando es expresada. tu estas hecho a mi imagen y semejanza. esta en ti la trilogía de la persona: mente, cuerpo y alma.

Mente: es tu psicología, tus actitudes, tus reacciones... cuerpo: es lo que ves; tu carne, tus articulaciones, tus huesos... alma: es tu espíritu, tu animo, lo inmortal... La esencia de tu ser, es la armonía de tu trilogía. que quiero decir con esto? que tu tienes una vida (individual), estas en un mundo (compartido), eres una realidad (escribiendo la historia).por lo tanto todo lo que pienses, sientas o hagas. tienen que estar en acuerdo las tres esencias de tu ser. si lo tomas con simplicidad; no pelees, no luches contra ti mismo, sino armonizate y tomalo todo como una verdad real y existente. (el realista y el soñador). osea que bueno que eres realista y que bueno que eres soñador.

Toma todo lo que dice el realista y toma todo lo que dice el soñador. Conjuntalo, y del resultado nacerá una idea. Ahora, no sabes si es buena o mala. Ponla en mis manos. si le doy la bendición, sera realizable, sino, aceptalo con paz y amor.

Vuelve a conjuntar a los dos que viven en ti, y nacerá una nueva idea. yo tengo diariamente una idea y por eso nace un nuevo día cada veinticuatro horas, aun que para muchos es lo mas normal. Y tienen razón, pues confían en su Dios.

Ahora mi hijo; el miedo es el enemigo numero uno del ser humano. así como el valor es la virtud mas grande que puede haber en el hombre. porque ustedes no fueron constituidos de un espíritu de miedo, sino de valor y fortaleza. del miedo se ha hecho una industria. La industria del miedo`.

Miedo a perder lo que se tiene (mucho o poco). miedo al infierno, mas que la motivación hacia el cielo. miedo a perder la imagen que se ha logrado captar; el hombre da la mitad de su vida por llegar a tener una buena imagen y la otra mitad por conservarla.

Miedo a perder alguna propiedad, sin saber que las propiedades o apropiación esclavizan. miedo a no ser aceptado por los demás. miedo a ser el tonto, el feo, el inadecuado, el antisocial, etc...miedo a hablar y llegar a ser mal interpretado.

Miedo a perder algún ser querido. Miedo a los compromisos,a perder el trabajo etc... los gobiernos gastan millones de dolares diariamente al militarismo, por miedo a ser superados por otros.

Las cinco Potencias de la ONU que tienen el derecho al veto son las potencias del mercado armamentista. hay que inventar los enemigos para que siga el negocio.

El hombre le tiene tanto pánico a la mujer, que quiere dominarla a base de machismo y autoritarismo. fíjate; la primera oración de los judíos ortodoxos es: gracias Dios por no haber sido mujer. Los musulmanes les cubren la cara, la iglesia católica les prohíbe el sacerdocio.

Mira Eva actuó y perdió Adan.

A mi me tienen mas miedo que amor. Hay quien tiene miedo parecerse al otro, sin saber que cada uno de ustedes contienen muchos `otros`. en fin hay tantos miedos, que se someten a el (miedo) antes de ser sometidos. si alguien llega a tener una enfermedad, el problema no es la enfermedad sino el miedo a la enfermedad. El problema no es la muerte sino el miedo a la muerte.

Padre Dios, que hacer para vencer a ese enemigo llamado el miedo ? primero , confía en mi. y para confiar en mi, no solamente es tener fe, sino convicción. por lo tanto esta palabra no la olvides `convicción` y convicción es: pleno y total convencimiento de lo que piensas,sientes y actúas.

Convicción es la verdad y la verdad esta en el quien, no en el que.

Mira, cuando Jesús estuvo frente a Pilatos y pronuncio la palabra verdad, Pilatos inmediatamente pregunto que es la verdad y Jesús después de una pausa contesto:

"yo soy la verdad". Pilatos no entendió, porque el quería una definición practica, buscaba el que sin saber que la verdad estaba personificada en Jesús para dar la existencialista de la palabra de Dios. en el comienzo de la biblia dice: "y el **verbo se hizo carne y habito entre nosotros".** la palabra se hace real y esta con nosotros,entonces la verdad existe y esta personificada en mi hijo, en mi elegido. Por lo tanto, la convicción del ser humano es la verdad de su fe, de lo que espera, de lo que vive. Una persona con convicción es una persona fuerte, segura y capaz de jalar o alinear a otros al camino. el hombre se deja llevar por sus emociones. a mi me agrada mas cuando actúa con convicciones. porque en la convicción no hay tibieza, solo decisión, convencimiento. por eso yo te pido, mi hijo, actúa con convicción, no emoción, esto,apuntalo o grabalo bien en tu mente. convicción mas que emoción.

Ahora para fortalecer tu valor es necesario que mantengas una buena y continua relación para conmigo; que tu cociente, inconsciente y subconsciente este siempre abierto a mi, para que en cualquier titubeo o inclinación hacia el miedo, pueda entrar mi presencia en ti y actuar en la trilogía de tu ser.

Mas delante te diré cosas concretas para que practiques y mantengas esa buena y sana relación conmigo.

Por hoy, mi hijo, reflexiona todo esto que te he dicho. ubica los conceptos y forma los tuyos propios y anexarlos a tu ideología de vida.

CONCEPTOS UBICADOS

- intimidad =encuentro de dos interioridades.
- haz el bien y no hagas el mal.
- la simplicidad es un pilar de la sabiduría.
- la esencia de tu ser es la armonía de tu trilogía.
- el valor es la virtud mas grande del hombre.
- convicción es la verdad.
- la verdad esta en el quien, no en el que.
- convicción mas que emoción.

Hay HOMBRES
que no dicen
MENTIRAS
pero viven tan
vacíos
de VERDADES

PERDÓN

Hace unos días me encontraba meditando sobre la felicidad y el perdón, y le pedí a Dios que me iluminara para poder comprender el real significado de la felicidad y el perdón.

Dios mio: por que es que me invade la soledad y siento que tu te alejas de mi. aunque te llamo no siento tu presencia y me lleno de temor.

Cuando de pronto, escucho una voz que me dice: hijo para poder ser feliz, necesitas estar libre de rencor, resentimiento, odio, envidia y todas esas cosas que aveces inconscientemente se anidan en tu corazón.

El resentimiento es un dolor bajito, que duele mas mientras mas escondido esta. no es un trueno, es un golpecito; no es un aguacero, es una llovizna; no es una piedra, es una pajita; es un dolor anestesiado, como la secuela de un golpe, como una lágrima sin secar, como una espina sin sacar, como un cristal con astillas, como un gemido sin voz, es como un poquito de lodo pegado en el fondo, es un escurrimiento que fluye, tapando todas las válvulas del perdón. es un residuo de odio pegado en el corazón. es un pedacito enfermo, que te va envenenando la vida. desechalo de tu corazón.

Detectalo a tiempo y limpiate por dentro, quita esa aldaba que te tiene cerrada la puerta del amor, y que no te deja ver mas alto, que pesa sobre tus alas sin dejarte volar. Sin el resentimiento se puede ser libre y se puede ser feliz.

Puedes merecer para ti el perdón y la salvación. dile adios a esa parte que yace en ti y que tanto daño te hace y abre la puerta a la vida.

Mi hijo, me decías que aveces te invade la soledad y sientes que yo me alejo de ti. mi hijo nunca me separo de ti, simplemente no siempre estas cociente de que estoy contigo, porque tu vida se encuentra muy ocupada en las cosas materiales. Te invito a revisar tus acciones y te darás cuenta que has puesto muy poca atención a tu alma.

Si no perdieras el contacto conmigo tan a menudo, tu vida seria mas tranquila. Porque recuerda, tus deseos son mis deseos, siempre y cuando sepas pedirlos.

Hijo ten en cuenta que la vida es un proceso de creación y no de representación, y hoy tu estas creando tu realidad, la decisión que tomes ahora , pudiera afectar el mañana, pero si eres claro y persistente en lo que quieres, puedes lograrlo por medio de la iluminación divina. Jesús, mi hijo santo les enseño la divinidad, promoviendo la unidad, la integridad y el respeto. y recuerda que fui yo, tu creador, quien mando a su hijo santo a morir en la cruz por tus pecados.

Tu debes vivir en la verdad porque la verdad te iluminara siempre, porque quien vive en la verdad no le tiene miedo a la mentira. mi hijo, si realmente amas la vida no desperdicies el tiempo, porque la vida se compone de tiempo.

Mi hijo,la felicidad es una responsabilidad que empieza contigo mismo mientras eres feliz te ves mas alegre, mas sano, mas juvenil. porque la felicidad es contagiosa para tus seres queridos que te rodean, incluyendo tus amigos. pero si tienes rencor hacia otras personas, tambíen es contagioso el rencor. te hace tener temas incompletos, promesas no cumplidas, coraje hacia otras personas. Perdonar y dejar tus resentimientos te llena de paz y calma, alimentando tu espíritu. La falta de perdón es como un veneno que tienes a diario de gota en gota, pero que finalmente termina envenenando. algunas veces puedes pensar que el perdón es un regalo para otros, sin darte cuenta que el único beneficiado eres tu mismo. el perdón es una expresión de amor, el perdón te libera de ataduras que te amargan el alma y te enferman el cuerpo.

El perdonar no significa que estés de acuerdo con lo que paso, ni que lo apruebes. perdonar no significa dejar de darle importancia a lo que sucedió, ni darle la razón a alguien que te lastimo , simplemente significa dejar de lado aquellos pensamientos negativos que te causaron dolor o enojo. el perdón se basa en la aceptación de lo que paso. la falta de perdón te ata a las personas con resentimientos, te tiene encadenado. la falta de perdón es el veneno mas destructivo para el espíritu ya que neutraliza los recursos emocionales que tienes. el perdón es una declaración que puedes y debes practicar a diario.

Muchas veces la persona a la que tienes que perdonar es a ti mismo, por todas las cosas que no fueron hechas de la manera que pensabas.

La declaración del perdón es la clave para liberarte. perdona para que puedas ser perdonado. aliviana tu carga y estarás mas libre para moverte hacia tus objetivos.

La felicidad de una persona es la suma de los tiempos inolvidables en que hubo algún acontecimiento agradable. la felicidad es una decisión individual y una responsabilidad propia.

El esposo no puede hacer feliz a la esposa si ella no le permite. ninguna pareja puede ordenar a su cónyuge a sentir amor o felicidad. muchas parejas se divorcian porque después de años de matrimonio no encontraron lo que buscaban, siendo que lo que buscaban lo deberían haber encontrado antes del matrimonio para luego no traumar a los hijos por la falta de ubicación emocional.

El divorcio es una situación preocupante para la familia, ya que implica una serie de cambios y decisiones en la que están incluidos los hijos.
 Los padres tienen multitud de problemas que solucionar, pero al mismo tiempo son concientes que ellos son las personas mas importantes en la vida de sus hijos y que estos van a reaccionar mal ante estos cambios.

El divorcio es un proceso muy doloroso para los niños porque sienten gran confusión y miedo, ya que entienden esta situación como una ruptura de su mundo, que creían como algo totalmente duradero e inamovible.

Muchas veces los niños piensan que ellos han sido los culpables y tratan de ayudar a los padres a que reconcilien.

Pero esto resulta imposible si uno de los dos no tiene la ubicación emocional fija o centrada. cuando la pareja logra ese equilibro tan necesario para mantener la relación y finalmente la familia en un ambiente sano, armonioso, y lleno de amor, es importante mantener la serenidad. el valor de la serenidad les hace mantener un estado de animo apacible y sosegado aun en las circunstancias mas adversas. esto es sin exaltarse o deprimirse, encostrando soluciones a través de una reflexión detenida y cuidadosa, sin engrandeser o minimizar los problemas. cuando los problemas les aquejan, fácilmente pueden caer en la desesperación, sentirse tristes, irritados, desganados, y muchas veces en un callejón sin salida.

A simple vista pueden pensar que la serenidad seria solamente para personas sin problemas. pero no, es una responsabilidad individual que se logra con la meditación, la oración y la buena relación conmigo.

La serenidad no se da con el simple deseo, si así fuera, no tendrías tiempo de sentirte inquieto, ansioso, intranquilo o desesperado. usualmente reaccionas y actúas por impulsos, privando a tu inteligencia de la oportunidad de conocer y resolver todos tus problemas. para generar serenidad en tu interior, evita encerrarte en ti mismo. ser abierto y estar receptivo a los consejos de los que te rodean; escucha sus anécdotas, algún chiste de alguna perrita, sonríe, goza de la vida, convierte un mal rato en un buen tiempo. Siempre recuerda; la diferencia entre la amargura y felicidad es simplemente tu actitud. Ser alegre, contagiate de las personas que poseen alegría y compartela con quienes te rodean, porque recuerda; que la mitad de la alegría, reside en hablar de ella.

El camino hacia la felicidad no se muestra con el dedo, sino caminando por delante.

Mi hijo, reflexiona todo esto que te he dicho y saca tus propias conclusiones, llegando a formar mejor concepto para ti. y recuerda que cuantas veces me busques siempre me encontraras.

CONCEPTOS UBICADOS

- La vida es un proceso de creación y no de representación.
- La decisión que tomes ahora, pudiera afectar el mañana.
- la felicidad es una responsabilidad que empieza contigo mismo.
- El perdón te libera de ataduras que te amargan el alma y te enferma el cuerpo.
- El perdón se basa en la aceptación de lo que paso. -
- El perdón es una declaración que puedes y debes de practicar diario.
- Muchas veces a la persona que tienes que perdonar   es a ti mismo.
- La serenidad no se da con el simple deseo.
- Para generar serenidad en tu interior, evita encerrarte en ti mismo.
- La diferencia entre felicidad y amargura es simplemente tu actitud.

ENSEÑANOS

lo que valen

NUESTROS días

para que

adquiramos

un **CORAZÓN**

sensato

EXITO

Señor Dios; hoy quiero hablarte: aveces pienso que hablo contigo y en un instante me desvío. un momento hijo mio! yo siempre te escucho. pero aunque soy Dios, aveceS no logro entenderte, quizá porque te di el libre albedrío y cuando me pides algo nunca me lo especificas.

Señor, perdona que te interrumpa, pero si tu todo lo sabes, me imagino que sabes mis necesidades. claro que lo se. pero aunque no lo creas yo soy leal a mi mismo y yo obedezco principios, no tus necesidades, digo, si alguna vez has leído la frase que dice: `buscad y hallareis`. ahora tambíen dejame decirte que los milagros ocurren si tu los provocas y entre mas grande sea tu necesidad, mas grande es el milagro.

Señor! otra vez disculpa que te interrumpa, pero yo pienso que es ahí donde esta el problema; que la gente cree que piensa pero realmente no sabe pensar. preguntame a mi mismo; cuantas veces he cometido un error y luego digo: `si hubiera pensado primero`... o `si es verdad`. pero en esos casos que puedo hacer?

Aprender de los errores. ? mira; dejame contarte

una historia de alguien que siempre quería tener éxito, pero de igual manera siempre estaba negociando con el éxito. y el éxito no es negociable. tienes que pagar un precio y no solamente éxito económico, sino en todas las áreas. pero bueno la historia comienza así:

Un muchacho joven que siempre quería tener éxito; un día fue a visitar un anciano que era muy sabio y le pregunto: yo se que usted es muy sabio y quisiera que me dijera por donde puedo encontrar el éxito.

El anciano no contesto nada y solamente levantando una mano le señalo un lugar. el joven obviamente se dirigió hacia ese lugar. unos minutos mas tarde el muchacho regreso desconsolado y golpeado de la cara, pero con esa pequeña esperanza.

Días mas tarde, le pregunto de nuevo al anciano, a lo que este contesto de igual manera. y el joven pensando que esta vez tendría mejor suerte, siguió las instrucciones. pero al igual que la vez pasada; solo, que duro mas tiempo en regresar y venia mas golpeado y ahora venia enojado. para su mala suerte, según el, esta vez ya no encontró al sabio. unas semanas mas tarde tomo una decisión y dijo:

esta vez si voy a ir preparado, voy a tener cautela, y de igual manera le pregunto al anciano hacia donde queda el éxito? Y la respuesta fue la misma. y como ya iba según el preparado, esta vez iva mas lejos que las dos veces anteriores. y pensó que el peligro ya había pasado. y dijo: creo que ya logre vencer un obstáculo, pero al decir eso se escucharon varios golpes y muchos gritos de dolor. esta vez había resbalado hacia un abismo, aunque claro que con esfuerzos casi sobrehumanos, logro salir. y esta vez andaba con suerte, porque apenas salio, ya lo esperaba el anciano y antes de que el dijera algo, el sabio le dijo: se que me quieres reclamar.

A lo que el exclamo muy enojado; claro que si pudiera matarlo ahorita mismo, lo haría, pero creo que lo que tiene de viejo no le permitiría defenderse. el sabio con una mirada serena, dejo que el joven terminara de insultarlo y luego le dijo: solamente los tontos no entienden. igual que tu , muchos han venido en busca del éxito pero solamente unos pocos lo han encontrado.

El éxito requiere de búsqueda de persistencia y cuando mas difícil parece ahí esta. ya un poco calmado el muchacho pregunto: entonces si es así, digame donde esta? después de la próxima caída, contesto el anciano

Señor,osea que yo tengo que fracasar para lograr mis objetivos? no necesariamente, solamente si no aprendes de los errores de otros. pero algo si te puedo asegurar; si no pagas un precio jamas podrás lograr lo que quieres. además el éxito es la realización progresiva de tus sueños. entre mas grande sea tu objetivo obviamente el reto es mas grande. primero tienes que ser probado para poder ser aprobado. pero acuerdate tu solamente recibes de acuerdo a lo que has dado. enfocate en lo que quieres y si pides se te dará, si buscas encontraras, si tocas se te abrirá.

Señor: gracias, me has dado una gran lección, te prometo que a partir de hoy seguiré mi búsqueda y persistiré. pero podemos hablar mas de éxito? claro por supuesto, continuare compartiéndote una leyenda: se dice que hace muchos años el éxito se hizo tan sencillo y tan popular e inclusive tan fácil de alcanzar, que la gente comenzó a abusar de el. y claro al ver eso, el concilio de los sabios convoco a una reunión para dialogar que medidas tomar, para que el éxito no causara mas discordia y desacuerdos, en si que no hubiera mas abusos. y bueno, todos llegaron a una conclusión; de que el éxito debería de ser ocultado del hombre.

Uno de los sabios, interrumpió y dijo: por que batallan mas? esconderlo es muy sencillo. lo esconderemos en la montaña mas alta. el mas sabio dijo: no creo que sea el lugar mas correcto; el hombre es inteligente y un día buscara la manera de escalar esa montaña y lo encontrara.

Otro de ellos opino:el mejor lugar seria en el fondo del mar. pero el sabio que había sido interrumpido dijo: lo mismo sucederá ; el hombre podría inventar algúna nave que pudiera penetrar hasta el fondo del mar.

Entonces otro de los sabios propuso; que el espacio era el mejor lugar. pero igual que la respuesta anterior, el mas sabio volvió a opinar: un día no muy lejano el hombre podrá construir naves espaciales y podría ir por el éxito.

Pero no hay de que preocuparse ya tengo la solución; lo esconderemos en su propia mente, ya que ahi ,sera donde el hombre menos quiera buscar, ya que el siempre ha creído que todo lo sabe.

Y es así como esta leyenda viene a ocupar un lugar verídico que nos confirma lo dicho. ahora cuando se analiza esta fabula es para que te des cuenta que el éxito se encuentra en cada ser humano, solamente se requiere de `búsqueda` y es en la propia mente, puesto que es ahí en donde ya existe un gran potencial.

Solamente se necesita preparación; porque es aquí el detalle que el hombre no quiere pagar su precio.

Si se tiene un fracaso, cree que ya todo esta perdido. y no es así; el escritor y conferencista Willie Jolley dice en uno de sus libros: toda caída nos prepara una victoria aun mayor, pues un contratiempo no es nada mas que una oportunidad para vencer la adversidad. aunque hay algunos que dicen que solamente fue suerte, que es por eso que no todos tienen éxito, y mas bien cuando la preparación encuentra la oportunidad es cuando las cosas suceden. ya dije anteriormente algo sobre el contratiempo y puedo reafirmar que un contratiempo es la mejor oportunidad para prepararnos para las mas grandes adversidades. Cuando se habla de éxito, es hablar de muchas historias de personas que para muchos tuvieron un sin numero de fracasos, cuando en realidad solamente se estuvieron preparando para cualquier adversidad que pudiese presentarse. mas adelante vamos a analizar algunas historias de personas que tuvieron que vencer muchos obstáculos antes de ser exitosos .

Hay que sacar la victoria de las mandíbulas de la derrota y la esperanza de las situaciones de desesperación ! alguna vez te has preguntado por que cierta gente puede ganar un millón de dolares, luego perderlo, luego ganar otro millón, después perderlo y lo mejor volver a ganar un tercero, mientras otros ni siquiera pueden cubrir solamente sus necesidades basícas. hay otros que todo lo que tocan parecen convertirlo en oro y claro la conclusión es que ellos conocen la receta del éxito. y es por eso que pueden hacerlo una y otra vez.

ellos tienen adversidades y contratiempos, pero tienen la habilidad y conocen la formula para todo eso convertirlo o transformarlo en oportunidades permanentes.

Los problemas son posibilidades y los contratiempos, oportunidades. dice John Maxwell; busque el lado positivo del fracaso.

Alguien decía o mas bien, muchos todavía dicen:que sencillamente basta que tenga una fe muy grande, pero no es así. Si la fe fuera tan solo del tamaño de un grano de mostaza... no dice del tamaño de un elefante o peor aun de un edificio. aun así la fe es el ingrediente mas importante en el éxito, para sobreponerse a los retos.

El hombre puede durar sin comer hasta 45 días , sin tomar agua hasta 5 días, pero sin fe, sencillamente no se puede vivir.

Volviendo a lo de los contratiempos; es importante entender que un contratiempo no es el final del camino, sino una de las mas grandes oportunidades que ya esta esperando.

Solamente te tomaras de un pequeño instante, convertir las adversidades en una gran preparación para renacer, porque sin los contratiempos no habría oportunidades.

Los contratiempos son requisitos para las victorias. la adversidad tambíen es parte de la educación de éxitologia. como dice un gran empresario llamado Dexter Yeaguer se necesita mas que un ganador para enamorarse del esfuerzo y así obtener y poder disfrutar de los resultados.

Las maneras en que la vida genera fuerza, son los retos y las adversidades y así empieza a nacer el cambio, los cuales son absolutamente necesarios para lograr los objetivos que deseas en tu vida. un giro o curva en el camino, no es el final del camino. la adversidad es solamente una manera de prepararte para renacer,pues solamente quien avanza es aquel que tiene contratiempos. quien se desvanece con las adversidades es porque su fuerza es pequeña. y claro, toda la gente que esta viva y quiere sobreponerse a los retos, siempre va a tener contratiempos.

Una de las claves para el éxito es como se responde a los contratiempos. mas adelante hablare de la importancia de seguir a un guía. porque como dice un empresario llamado; Pedro Sicaeros: si te haces caso a ti, terminaras como tu. ahora, no es necesario ser inteligente para lograr el éxito, pues la inteligencia no garantiza el éxito.

El éxito no es un destino, sino que es una travesía para los que están dispuestos a caminarla y vencer todo obstáculo presentado, con la mejor actitud, mas adelante te hablare de lo que es una actitud de vencedor y claro tambíen un conformismo de perdedor. ojala que tomes la primera opción, puesto que para el fracaso, no hay que hacer nada,por si solo llega. alguien dijo una vez que la flojera y el desanimo personal aveces va tan rápido que logra rebasar a el éxito.

El escritor Martell en su libro; el coraje de fallar dice: se aprende mas del fracaso que del mismo éxito aunque los beneficios son contrarios. no hay crecimiento sin adversidad, ya que es la que nos empuja y nos reta para desarrollar nuestro mayor potencial, ya que inclusive las derrotas mismas se han convertido en los catalizadores del éxito.

Jamas se puede crecer sin luchas o retos, pues nunca se podría alcanzar todo el potencial que hay dentro del mismo ser humano. sin arena el mar no tendría belleza de igual manera la vida y la lucha son inseparables, pues todo lo bueno trae su lucha. La adversidad y la lucha son lo que trae la abundancia. las pequeñas luchas forman pequeños músculos, pero las mayores luchas forman grandes músculos. afrontar y vencer los retos es lo que hace crecer interiormente y ahí es donde esta nuestro mayor potencial.

Mi hijo, por hoy quedate con esto para que lo reflexiones, levanta tu alma, tu animo y no dejes de trabajar, sobre todo en la adversidad, así te fortalecerás.

CONCEPTOS UBICADOS

- Los milagros ocurren si tu los provocas.
- El éxito no es negociable.
- El éxito requiere de búsqueda.
- Aprender de los errores de otros.
- El éxito es la realización progresiva de tus sueños.
- Tienes que ser probado para ser aprobado.
- Tu solamente recibes de acuerdo a lo que has
   dado.
- El éxito se encuentra en cada ser humano.
- Toda caída prepara a una victoria mayor.
- Un contratiempo es la mejor oportunidad para
   prepararnos.

El TRIUNFO
no es
del mas FUERTE
o el mas RÁPIDO
sino
de quien
se MANTIENE
en la carrera

ACTITUD

He estado pensando en lo importante que es la actitud, que he doblado mi rodilla y he exclamado el nombre de Dios. y Dios ha venido a mi y me ha preguntado: que necesitas de mi, por que me llamas ? padre Dios; he observado que muchas de las cosas que hacemos, las hacemos con diferente actitud. y en la actitud esta el verdadero sentido del porque lo hacemos.

Hijo mio; hablar de actitud es hablar de grandes logros,pero claro tambíen de grandes retos. hay un dicho que dice: depende el sapo es la pedrada. tambíen una canción de un gran empresario y cantante que dice: nada es verdad, nada es mentira, todo es del color del cristal con que se mira. y sabiamente así es.

Anteriormente te decía que los retos son los que forjan lo que somos y no importa de que tamaño sea el éxito sino con que actitud se recibe ese éxito. es verdad que ustedes jamas eligieron en que hogar nacer, con que familia, que color de piel tener o a quien parecerse. pero hay algo de lo que si pueden o tienen el poder de elegir; es con que actitud vivir. Los mas grandes investigadores han llegado a la conclusión; que solamente se usa un pequeño porcentaje de la inteligencia; algunos dicen que es el 5 % otros dicen que es el 10 % inclusive hay quienes dicen que algunos logran usar el 15% de esa inteligencia, y es verdad, quien usa el mas alto porcentaje es un genio. pero el otro 85 – 90 – 95% es actitud. y obviamente actitud de vencedor.

Te voy a poner un ejemplo que hoy en día es muy común; alguien se siente mal de salud, va a ver al doctor y el doctor después de analizar todos los estudios requeridos le dice al paciente: siento decirle esto, pero mi ética me hace comunicarle la verdad; y usted tiene una enfermedad mortal, que solamente le quedan 3 meses de vida.

Ahora eso es lo que el doctor dice, pero depende del paciente con que actitud la toma. porque es importante saber que los médicos dan el diagnostico pero yo doy el pronostico.

Un cáncer es un diagnostico, no una sentencia de muerte y claro que se puede vencer.

Uno de los mas grandes atletas en el ciclismo, el cual ha sido de los que mas títulos han adquiridos en el mundialmente famoso tour de Francia,Lance Amstrong venció también el cáncer. Y actual mente radicando en Austin Texas sigue activo en el ciclismo, aunque también con disciplina y sobre todo con una gran actitud venció el cáncer y no el cáncer lo venció a el, un 5% de las personas con enfermedades terminales solamente con la actitud de vencedores, han podido superar esos retos, y claro que cuando existe la Fe, todo es mas fácil.

El escritor Napoleon Hill en su gran libro` piense y hagase rico`(uno de los mejores libros que ha ayudado a mucha gente a mejorar su autoestima, su potencial y su actitud) hace de una excepcional manera mucho incapie sobre la fe y la actitud. y sabes, la fe y la actitud van de la mano.

Imagínate que vas pasando por un lugar donde se esta construyendo un edificio y hay unas personas acarreando el material; y les preguntas que hacen ustedes? y ellos contestan pues aquí como siempre cansados de acarrear este pesado material y pues no hay de otra, que mas queda hacer. y en el mismo edificio, alguien mas esta haciendo lo mismo, y de igual forma les haces la misma pregunta, pero ellos contestan de diferente manera y dicen: pues aquí estamos contentos y entusiasmados acarreando el material para construir esta hermosa catedral el cual es una obra de arte.

Es ahí donde te darás cuenta que no es lo que se

esta haciendo o las circunstancias por las que se esta pasando,sino la actitud con la que se toman los hechos o las circunstancias.

Ken Meninger dice: su actitud es mas importante que los hechos. Por que con una buena actitud, mas veces le va a ir bien. la diferencia entre un día malo y un día bueno es solamente su actitud y no su aptitud.

Como te dije al principio, la actitud es una decidete decisión, elige una buena actitud, decidete por ella.

Con una actitud mental positiva, se piensa positivo, se actúa positivo y obviamente se dan resultados positivos. no puedes controlar muchas de las cosas que suceden a tu alrededor pero si puedes controlar la actitud con la que las afrontas.

Si exprimes una naranja, saldrá jugo de naranja; si exprimes uvas, saldrá jugo de uva. ahora dirás, que tiene que ver eso con la actitud, y yo te digo que mucho, refiriéndonos a lo anterior de que solamente cuando se aplica presión sale la verdadera esencia interna. lo que existe en la mente es lo que realmente somos. y me adelanto a decirte que todo esto es mental, y la actitud tambíen lo es. Es necesario hacer un compromiso con la mente, de ponerle algo positivo cada día. y así al final del año tendrás 365 nuevas cosas positivas en la mente.

Ahora por favor no vallas a esperar a que empiece el año,empieza hoy, si, hoy, la actitud lo es todo.

Uno de los grandes maestros Indues; Mahatma Gandhi, dijo acerca de la actitud positiva: manten positivas tus palabras, porque tus palabras hacen tus comportamientos; manten positivos tus comportamientos, porque tus comportamientos forman hábitos; manten positivos tus hábitos, porque tus hábitos convierten tus valores; manten positivos tus valores, porque tus valores forjan tu destino.

Con la actitud positiva, hasta a lo malo se le encuentra algo bueno y quizá por eso uno de los libros escrito por John C. Maxwell se titula `el lado positivo del fracaso` y el explica exactamente sobre lo positivo que hay detrás del fracaso. pero lo mas importante es con que actitud tomamos lo que sucede.

Alegrarse y sonreír cuando todo esta saliendo perfecto, no es difícil, hasta los tontos lo hacen. pero alegrarse y luchar por sonreír cuando las cosas salen mal, solamente los ganadores lo pueden hacer.

Hazte un favor, decidete ser un ganador.

decidete usar tu gran potencial que te di. y por favor no me digas que tienes un problema, mejor dile al problema que me tienes a mi, que tienes un gran Dios.

Decidete a nunca ser un fracasado, sino un ganador. eres un campeón desde que naciste. decidete a tener una gran actitud mental positiva. decidete a ser feliz. Decidete a vivir y no estar muerto en vida.

Buscame nuevamente cuando me necesites y reflexiona por favor en todo esto que te he dicho.

CONCEPTOS UBICADOS

- Cuando existe la fe todo es mas fácil.

- La fe y la actitud van de la mano.

- La actitud es mas importante que los hechos.

- La actitud es una decisión. lo que existe en la
  mente es lo que realmente somos.

- Lo mas importante es con que actitud tomamos lo
  que sucede.

- Decidete a vivir y no a estar muerto en vida.

Es **MEJOR**
morir de pie
que estar
VIVIENDO
de **RODILLAS**

Emiliano Zapata

VISUALIZACION

Al igual que en veces anteriores, cuando estaba reflexionando en algunas cosas que considero importantes en la vida, Dios vino a mi y me pregunto: que te pone tan reflexivo, que te veo tan concentrado, pensando en algo ? señor, ya hemos hablado de éxito y de actitud y cada vez me impresionas mas con toda tu sabiduría. ahora señor, que tu crees que necesito para lograr esas dos cosas ? Mira mi hijo; no se puede lograr el éxito sin una buena actitud. y de la misma manera,para tener una actitud positiva , hay que tener éxito.

Quizá has escuchado Fraces, como:`todo fue un éxito` o `hay que tener una actitud de exitoso` o algunas otras mas. pero ahora viene lo mas importante; como y cuando quieres lograr o alcanzar tus objetivos. y a esto le llamaras: visualización. Dejame decirte que visualización y soñar (soñar despierto) van de la mano. El empresario Alfredo Medina,en uno de los temas que el ha grabado dice: - todo lo que sinceramente creamos y entuciastamente entendamos, sucederá.

Con esto, puedes entender que; si de verdad lo crees y lo visualizas en tu mente, (que es ahí donde todo empieza) entonces inevitablemente sucederá.

Hace varias décadas alguien dijo: el hombre que sueña dormido no es de peligro. pero cuidado con el hombre que sueña despierto, porque el corre el riesgo de que todo lo que el sueñe se le puede hacer realidad.

Ahora, dejame contarte una historia: hace algúnos años un gran soñador, de los mas grandes soñadores del mundo entero; el soñaba con construir un parque. el iba de banco en banco, de lugar en lugar, para ver si alguien le podría financiar su proyecto. pero cuando el exponía su sueño, muchos se reían de el.

Es mas hubo alguien que le dijo: ` tu crees que yo te voy a prestar dinero para que construyas un mugroso parque ? pero el usando su buena actitud le dijo: mi parque va a ser tan limpio que todo el que quiera va a poder comer en cualquiera de sus áreas. pero al igual lo rechazaron.

Tiempo después, con una gran actitud de vencedor y sin desistir de su sueño, logro comprar muchos acres de terreno en un lugar pantanoso del estado de florida. a lo que inclusive sus amigos le decían: pero que hombre tan tonto, que va a poder construir en esos horribles pantanos. pero en su mente el visualizaba venir gente de todas partes del mundo y divertirse de la misma manera a chicos y a grandes. y ya cuando estaba el parque por terminarse de construir, el falleció. meses mas tarde, se hizo la inauguración del parque que fue nombrado y hasta el día de hoy lleva el mismo nombre de Disney World, en la ciudad de orlando florida.

Estando en la fiesta de inauguraron, un periodista dijo a su viuda: `que lastima que el señor Walter no se encuentre con nosotros; a el le hubiera gustado ver terminada esta gran maravilla, y poder hoy estar aquí disfrutando al igual que nosotros.

A lo que la señora viuda de Walter, contesto: el estuvo aquí mucho antes que nosotros. por eso es que este parque esta terminado, y si el nunca hubiera estado aquí, ustedes y yo jamas hubiéramos tenido el privilegio de estar disfrutando de esta maravilla.

Esto es solo una historia ejemplar de alguien que creyó en sus sueños y visualizo su proyecto para hacerlo realidad. tambíen lo que tu puedas creer y visualizar, puede trascender en otras vidas. pero claro, eso se lleva acabo solamente con acción y para eso debes aprender a tomar direcciones.

aprender sobre liderazgo, aprender de personas que ya han logrado lo que tu quieres lograr. acuerdate de lo que dijimos anteriormente; si te haces caso a ti, terminaras como tu.

Debes aprender las bases de la vida y edificar, porque estas afirman la estructura humana. edificación es infundir fe en los demás. es dar a los demás un servicio.

Cuando no hay edificación, no se esta llevando a cabo ninguna acción. hay personas que primero analizan las cosas mucho, y quiero decirte que mucho análisis produce parálisis.

El empresario Saul Mascareñas dice: el conocimiento te da seguridad y la seguridad hace que se empiece a poner acción y la acción da resultados y los resultados llevan al éxito.

Ahora, conjunta éxito con actitud y visualización y traza tus metas y sabes que, escribelas, para que las puedas realizar, a base de objetivos y progresivamente bajo un seguimiento y un método, el mejor que tu consideres, puesto que es para ti. pero ten presente algo muy importante; la humildad. y no se debe de confundir la humildad con la pobreza económica.

Ya que no es lo mismo. quizás has escuchado

mas de alguna vez a alguien que dice: `yo vengo de una familia muy humilde, que no teníamos ni para comer`. eso no es humildad, porque la humildad se lleva en el corazón, aunque hay que aclarar que nació en la mente. y se puede tener dinero, libertad financiera y ser humilde.

Porque hay que entender que entre mas dinero, solamente hay mas opciones, y que el dinero solamente es un vehículo,el cual tu tienes la llave y el volante,y que puede ser de una gran bendición o tambíen de una gran maldición, solo depende de las manos que lo manejan.

CONCEPTOS UBICADOS

- No se puede lograr el éxito sin una buena actitud. -

- Todo lo que sinceramente creamos y
  entusiastamente entendamos, sucederá.

- Lo que tu puedas creer y visualizar, puede
  trascender en otras vidas.

- No se debe confundir la humildad con la pobreza
  económica.

Es **SINÓNIMO**

de locura

el querer tener

RESULTADOS

diferentes

haciendo

LO MISMO

SEGÚNDA PARTE

PLATICA CON DIOS

PLATICA CON DIOS

Cada vez que veo nacer un bebe, puedo ver la armonía de la naturaleza con todas las esencias del ser humano, en un nuevo inicio de vida. todos sus rasgos físicos, normalmente hereditarios de sus procreadores. la sanidad de una mente, que después sera saturada de información, conocimientos y todas las cosas que la mente maneja.

Puedo sentir la presencia de Dios que recién acaba de hablar con esta criatura,animándola y dándole las ultimas indicaciones, para que su paso en esta vida pueda cumplir todos los objetivos que tiene depositados en ella. puedo comprobar que el amor da resultados, sin importar la relación o la forma en la que se dio el inicio de esta creación, sino percibiendo el amor de Dios con todo lo que el ha hecho, un amor verdadero, el autentico amor.

Puedo recibir y compartir las emociones de los seres humanos que ya estamos presentes en este mundo, por ahora. puedo valorar mi propia existencia y revisar lo que hasta hoy he hecho o he dejado de hacer.

Puedo recordar y fortalecer mi convicción de que yo tambíen tuve un inicio y pertenecí a ese mundo microscópico en el que era vulnerable a ser devorado por alguna bacteria, pero que tuve la protección de un vientre que me guardaba en un espacio y me proporcionaba todo lo que yo necesitaba.

Cierro los ojos, y puedo verme dentro de ese espacio al que le llame `mi paraíso` porque tenia todo, no me faltaba nada, por eso en aquel momento en el que iba a ser expulsado del paraiso me resistía a salir, por que para mi significaba muerte y ya había tenido la experiencia y sensación de morir, porque cuando era solo un esperma y fui arrojado y desviado por otros conductos diferentes por donde iban muchos millones mas, me tope con un gigante que me devoro entonces sentí que había muerto, pero después de un momento, vi que era yo parte de ese gigante (ahora se que era el ovulo).

Entonces comprendí que era el inicio de mi vida y sentía la mano de Dios que me daba forma.

Yo era feliz en el paraíso, por eso mi aferracion a no dejarlo.

Quizás todo esto me pueda ayudar para aquel día en que se me declare muerto y no me resista a entrar a ese nuevo inicio de mi vida que hay después de lo que llamamos muerte.

Padre Dios, que quieres de mi, a donde me quieres llevar con esta reflexión que has depositado en mi ? estas moviendo mi razonamiento y deseas mi pensamiento ? lo que buscas es mi corazón y quieres mi sentimiento ? es lo emotivo lo que me mueve y me impacta y deseas verme emocionado ? Dios que es lo que deseas de mi ? mira mi hijo, con una reflexión, puedo sacar de ti algunos pensamientos que tienes guardados dentro de ti en tu mente; porque estas dotado de sabiduría y tienes capacidad para pensar y discernir. pero aunque me dedicaras todos tus pensamientos, para mi no es `el todo`.igual con tus sentimientos o con tus emociones, puedes abrir todo tu corazón y tu sensibilidad, pero no seria `el todo` y lo que yo deseo de ti es todo; tu mente, tu corazón, tu animo (anima- alma) tus esfuerzos, tus deseos, tus inquietudes, tus metas, tus realizaciones, tu superación etc... para que todo lo que hagas, vaya a la par con mi bendición, que todo sea por mi, contigo y para mi. porque yo soy Dios, yo soy tu creador; pero tu tambíen eres creador, porque te he hecho a imagen y semejanza mía. por eso quiero que todo lo que crees o hagas, este dentro de los objetivos que tengo en ti.

Mira mi hijo, vamos a hacer algo tu y yo, no olvides esto;` tu y yo ` a solas, algo muy intimo. te estoy invitando a que todas estas letras que estoy poniendo en tus manos las tomes como parte de mis indicaciones y te dejes llevar con toda confianza, como si estuviéramos hablando verbalmente tu y yo. no le des crédito al autor, porque en primer lugar; los nombres de los autores son solo eso, nombres. personas en las cuales he puesto en sus mentes mi inspiración, para que sean el medio por el cual yo pueda tener un contacto directo contigo.

Segundo; todo lo escrito en estas letras tiene su importancia, pero dale toda la importancia a lo que `tu y yo` estamos hablando y vamos a hacer, sobre todo, porque lo vamos a hacer mas practico que teórico.

Te propongo; que antes de comenzar te des espacio de tiempo para meditar y te sientas seguro que quieres comenzar. ahora mismo te quiero con convicción no emocionado. piensalo y reflexionalo, ahora mismo...... Mi hijo, lo primero que te voy a pedir es; una libreta para que apuntes todos los puntos, conceptos, ideas y pensamientos que generas, conforme me vas escuchando. escribe lo que nace de ti al observar cierto punto que te hizo reflexionar o pensar. te puedo pedir que marques en el libro pero eso seria depender del libro y lo importante no es el libro, sino lo que tu puedas extraer de el, de nuestra conversación.

A demás vas a tener ciertos compromisos conmigo y no quiero que los vayas a olvidar por eso quiero que a esa libreta le pongas un nombre especial y la tomes como algo muy personal. le puedes poner por nombre por ejemplo: mis apuntes, mi diario, mis mi libro, mi vida, etc...

Hay algo que quiero que observes y comiences a utilizar tu libreta de apuntes, concluyéndolo todo con tus propias palabras, de este concepto que te voy a dar: en todo planteamiento no existe el tajante si o el tajante no. hay un juicio, hay un camino que se llama `discernimiento`(palabra muy importante para el ser humano) el cual lleva a concluir al si o al no. no aceptes algunas cosas compromisos, por el cual yo pueda tener con la ligereza, sin antes llevarlas al discernimiento. una vez meditadas, puedes aplicarlas a lo que determines correcto.

Te digo esto por dos cosas: primero; porque el discernimiento es el camino de la sabiduría y segundo para marcarte la importancia de tus propias conclusiones.

Vamos a comenzar con toda simplicidad (no simpleza) a tomar tres de los aspectos mas importantes del ser humano; el espiritual, el humano y el mundano. en este libro vamos a enfocarnos en el aspecto espiritual y te voy a plantear todo lo que tiene que ver con tu interioridad, moral, existencialidad.

Todo lo relacionado a mi. y vas a adquirir compromisos para conmigo, que al practicarlos y ejecutarlos tu, mejorara y sanara nuestra relación. ` tu y yo `.

las **PERSONAS**

no planean

fracasar

FRACASAN

por no

PLANEAR

CRECIMIENTO ESPÍRITUAL

Cuando se habla del aspecto espiritual o crecimiento espiritual, normalmente el ser humano lo confunde o relaciona con religiosidad. la espiritualidad es vida, la religión es relación.

Hay quien me puede amar y respetar mucho, pero tiene una mala relación conmigo, o simplemente, no tiene relaciones conmigo. en el espíritu esta la imagen y semejanza. en la relación (religión) esta la forma de entregarse. en la religión esta la creencia, la forma de verme,de observarme de llegar a mi. en el espíritu, yo vivo en el hombre; en su conciente, subconciente, inconciente, etc...osea, en la espiritualidad esta la esencia del ser. en la religiosidad esta la forma de relación. Quiero hablarte y plantearte el tema de la espiritualidad, sin tocar la religiosidad. aunque van muy de la mano, porque el que ama, busca relación, el que es, busca mostrarse. pero te voy a hablar mas del ser. y el ser mas espiritual que ha existido en la tierra, es Jesús, mi hijo santo, el hijo del hombre, el hijo de Jose y Maria en quien puse todas mis complacencias. y el mismo,se autoproclamo hijo de Dios porque era, es y sera. y se sintetizo en tres frases , el dijo: yo soy el camino, la verdad y la vida.

Quiero comenzar con la verdad. y lo primero que debes aprender es: el no mentirte a ti mismo. deseo que apuntes esto en tu libreta especial, y hagas de esto una ideología y una filosofía: ` no mentirme a mi mismo ` la mentira es tan fea, que aveces se pone la cara mas bonita, y muchos de los toques de belleza que recibe la mentira, se los dan; los criterios humanos.

Esos razonamientos que la excusan y perdonan, porque era necesaria. por eso te decía en la platica que tuvimos cuando tocamos el tema de la realidad;que uno de los males mas grandes que esta destruyendo al ser humano, son los criterios y razonamientos. muchas verdades ascienden hacia arriba, del hombre hacia mi. pero una sola verdad desciende hacia ustedes, de mi,hacia el hombre. la verdad es la verdad. y la verdad se encarno y vivió, vive y vivirá entre ustedes, solo esta en ti alinearte a ella.

Para aprender a no mentirte a ti mismo, es necesario que tomes en cuenta mi voluntad. y mi voluntad se manifiesta a travez de mis palabras, los acontecimientos, las situaciones; favorables o adversas, a travez de personas, a través de diferentes medios que uso para mostrarla. pero es necesario que estés receptivo y atento a escuchar.

Tu lo sabes, porque ya te lo he dicho; que la meditación y reflexión son caminos que llevan a la sabiduría, por lo tanto en el discernimiento encontraras mi voluntad. una vez ubicada mi voluntad, entonces con tu libertad (que es lo mas grandioso que te he dado) podrás acatarla y actuar conforme a ella. mira, por ejemplo: ante alguna situación difícil, adversa, medita y reflexiona. si la solución esta en tu capacidad, actúa inmediatamente, no te quedes en la pasividad. pero, si no esta en tu capacidad, entonces, dobla tu rodilla y dejalo en mis manos. abandonate en mi, depositate en mi, osea; deja que yo actué, dejame ser tu Dios.

Mira mi hijo, te voy a pedir que realices un compromiso conmigo. y observa, que una cosa es pedirte y otra cosa es ordenarte. exijo el cumplimiento de mis mandamientos. te pido y te sugiero que me busques en la verdad.

Así que este compromiso o promesa que te voy a pedir, esta en ti, en aceptarlo o no. entonces te pido esto: de la manera que te sea mejor para ti organiza tu tiempo y dedicame 10 – 15 – 20 o 30 minutos para

mi, diariamente. a partir de hoy, si lo aceptas.
escribelo en tu libreta especial y de ser posible te
sugiero que apuntes la fecha de hoy. recuerda
que eres humano y se te puede olvidar. te lo repito:
a partir de hoy dedicame 10 – 15 – 20 o 30 minutos
para estar tu y yo a solas. escoge el lugar que tu
quieras; puede ser en aquel rincón de tu recamara,
puede ser en la sala, en tu carro... el lugar no
importa, pero si defínelo. una vez que lo has
escogido, consagralo a mi. si es un lugar estable,
fijo, la manera que me lo puedes consagrar es
colocando una biblia abierta y que permanezca allí
siempre, para que represente para ti, tambíen, un
lugar sagrado.

De ser posible descalzate cada vez que vengas a
este en ti. Cada vez que vengas a mi, ven tu solo.
Porque recuerda, tu y yo a solas. y estar a solas no
quiere decir nada mas que no te acompañe alguien
físicamente, sino que dejes afuera; tus problemas,
inquietudes, deseos,sueños preocupaciones, etc...te
necesito vacío de ti para llenarte de mi. ven
tranquilo, sereno, relajado. no emocionado, sino
convencido de mi existencialidad y de mi presencia
real en ti. no trates de imaginarte como seré, no
quieras escuchar ruidos o sonidos extraños, o que

puedas llegar a ver cosas insólitas. simplemente cierra tus ojos y respira profundamente.

Quedate sereno, relajado. siente tu respiración, trata de percibir el latir de tu corazón. estamos tu y yo a solas, en la intimidad (encuentro de dos interioridades). una vez que has controlado y estabilizado tu estado de animo, vamos a pasar a lo que va a ser un pilar muy importante de nuestra relación; mi palabra.

Quiero que vallas a la biblia y tomes un versículo al azar. o metódicamente y bajo un orden. (en el libro de `palabra de Dios con ángel` viene un versículo diferente con una pequeña reflexión para cada día) toma el versículo y proclama lo, porque mi palabra no se lee, se proclama. una vez que lo tienes en ti, tomalo en serio, como si yo te lo estuviera diciendo verbalmente.

Osea, no trates de encontrar lo que significa, o una explicación,o una interpretación. sino que tomalo como palabras mías para ti. piensa, medita y reflexiona; que te quiero decir yo a ti con esta palabra que has leído. hazlo tuyo, porque es de mi para ti. después de haberme escuchado, quedate en silencio, porque ese es el mejor lenguaje para expresarnos amor, cariño, ternura. además en el silencio podrás escucharme mejor.

Después de estar unos minutos en silencio, entonces si, habre tu alma (anima-animo) y expresa todo lo que te nazca. lo que me digas, lo tomare como una oración, no como un rezo. aunque, si lo que te nace, es una oración ya formulada, yo lo recibo, porque viene de ti. pero me gusta mas esa oración espontánea, que quizás no tiene tantas palabras, pero que me lo dices con tanto amor, entrega y atención, que lo recibo con ese gusto y amor de padre. para despedirte, lo puedes hacer de la manera mas propia tuya.

Te puedes ir cantando, te puedes ir pensando,o después de haberte comprometido con algún propósito para este día, etc...y recuerda el compromiso, es diariamente.

Ahora bien, la verdad por si sola,no es el `todo` es un pilar muy importante del `todo`. pero a la verdad para fortalecerla como el principio del `todo` es necesaria la acción, la obra, la realización.

Jesús, mi hijo amado, que es la verdad hecha realidad en ustedes, abrió y formo el camino. por eso el es el camino. ustedes dicen en una canción; que Jesús es verbo no sustantivo, y dicen bien; que Jesús convertía en hechos todos sus sermones.

entonces te diré, que la verdad que tienes en tu pensamiento si no la realizas, no es una verdad, sino una intención.

Recuerdas cuantas veces te has propuesto enmendarte, corregirte y superarte ? Y cuantas veces motivado por la emoción, has prometido tanto, que no has cumplido nada o quizás solo algo? y te has preguntado por que? te lo diré:

1- porque has actuado mas emocionado que convencido. en algún momento, en algún evento, o suceso, tu emoción a llegado a un máximo de tu capacidad y de allí visualizas todas las cosas que quieres y puedes hacer. y las pones en el conciente, pero después del evento, suceso o momento tu emotividad se va regularizando al estándar normal, y del estado conciente, va guardado, en ese estado.

2- porque la intención que tenias de realizar las cosas que querías y podías, carecieron de forma, de un como y de un porque. y de aquello que llegaste a visualizar tan fácil y sencillo, al pasar lo emotivo, ves lo difícil y complicado que es realizarlas,y por eso las abandonas. que hacer entonces? para realizar todas las cosas que quieres y puedes, tienes que tener una ideología, una filosofía, un camino a seguir. y recuerda que por ahora te estoy hablando de tu crecimiento espiritual, ya tocaremos las cosas referentes a tu superación personal. por lo tanto te quiero decir que tomes el camino que Jesús, mi hijo amado les trazo.

Con esto tienes que entender que debes de seguir a quien es el camino, que tomes su ideología y filosofía y las hagas tuyas.

Ahora, tomar todas estas ideologías y filosofías en un solo momento, no podrás. te propongo que comiences con una y la practiques. después tomes otra e igual la realices, y así sucesivamente hasta llegar a ser y estar en el mismo camino.

Mira, para Jesús, la importancia y prioridad la tenían los pobres. para ellos se entrego y compartió su amor, su sabiduría y su vida. por los pobres acepto todo, incluso morir, y morir en una cruz. Ahora te toca a ti, darle continuidad a esta ideología. y si en verdad has tomado todo esto en serio y quieres estar en la verdad, te propongo que tomes otro compromiso para conmigo: ayuda regularizando al regresando a los pobres. hay muchas instituciones que tienen programas ya definidos, y llegan directamente a los pobres que en realidad lo necesitan. esto, por favor tambíen apuntalo en tu libreta especial, e investiga con que asociación no lucrativa te gustaría trabajar para ayudar a esos seres humanos que son marginados; por sistemas políticos, sociales y económicos. o si prefieres tu directamente llevar tu ayuda a quien tu conoces.

Pero lo que deseo con todo esto es que actúes. no importa sies mucho o poco por semana o por mes lo que tu puedas donar, lo importante es que lo realices como un compromiso para conmigo.

Mira mi hijo, estos compromisos que estas tomando conmigo, son pasos que estas dando en el camino y así de sencillo se realizan las cosas buenas que se pueden dar en la vida del ser humano.

Al ir tomando en serio todos estos compromisos, aunque tu no lo sientas ni lo veas, en algún momento determinado que se haga un alto,podrás girar para atrás y veras con que simplicidad has estado caminando, y veras que así de practico y sencillo se realizan las obras buenas. y podrás diferenciar entre lo que es una intención y lo que es la verdad. así mismo estas mostrando el camino para que otros támbien lo sigan. osea, que de todos esos momentos que estamos a solas, ha habido una fortaleza en tu interioridad, y de todas esas obras que realices, estará presente la verdad en ti. y algo muy importante; que sin hablar mucho, estarás evangelizando a tanta gente que te observa.

Sabes, hay una cosa que te quiero confiar, porque necesito que lo sepas. mira, tu sabes que yo soy justo y bondadoso con todos ustedes,pero se que aveces has llegado a pensar, como muchos otros, que cometo injusticias o que soy el causante de muchas tragedias. y en ciertas circunstancias se han preguntado donde esta Dios ? o donde estaba Dios ? cuando en algunos acontecimientos adversos ha habido tanta desgracia. y se preguntan; por que Dios permite esto, eso o aquello.

Por que no actuó Dios en aquel asesinato brutal al niño inocente. en aquella violación a esa mujer con tanto porvenir. en aquellos atentados terroristas, donde muere tanta gente. en aquellas guerras sin objetividad, pero necesaria, según argumentos políticos y propósitos personales.

En aquellos genocidios, que han causado muerte y destrucción con poder armamentista. en aquel recién nacido con alguna malformación. etc...y sabes que, lo lo que quiero que recuerdes,es que;yo crié y forme la naturaleza, y la naturaleza es eso, natural. son un conjunto de leyes y formas establecidas, para armonizar en toda la creación.

El ser humano fue creado para realizarse, osea, hacer realidad; todo lo que piensa, todo lo que desea, todo lo que sueña. así como el cuerpo (físico) fue hecho para ser sano, no enfermo. así el hombre esta formado de amor.

Para que pueda dar amor y no odio.

Esta dotado de sabiduría para pensar y discernir y no dejarse manejar por instintos. esta lleno de talentos para que conociendo sus cualidades, no cometa errores. esta dotado de un alma para que viva con entusiasmo y feliz y no angustiado y cabizbajo. esta hecho a mi imagen y semejanza para que tambíen actué como creador.

Pero que esta haciendo el hombre mi hijo ? si o no esta destruyendo, mas que construyendo ? y después se preocupa y me hecha a mi la culpa. si o no esta luchando contra la naturaleza, contra lo natural ? y ya te he dicho que la naturaleza es un conjunto de leyes y formas ya estructuradas que dan armonía, que dan vida, no muerte.

Ahora mi hijo, no te digo esto para arrebatarte el animo y el entusiasmo que tienes por la vida. sino para confiarte y concientizarte de la importancia de tu existencia. mi hijo tu eres mi mano, los seres humanos son mis manos que continúan esta obra creadora. si, mi hijo, esta en ti hacer algo bueno, hacer el bien. y recuerdas lo que decía la madre teresa con tanta simplicidad ? haz el bien y no el mal.

Así es mi hijo, en ti esta el corregir la balanza que se esta inclinando hacia un lado. en ti esta el hacer y realizar esas pequeñas cosas, pero en grande. en ti esta, mi hijo, el seguir el camino y vencer.

Ahora bien, al estar en la verdad y en el camino, podrás vivir tu vida con un como y un porque, con un motivo y un sentido. podrás trabajar para otros y les construirás esperanzas, que los fortalecerán y los animaran a buscar la verdad, a alinearse en el camino, y lo mejor de todo; que tu, perdido en el anonimato. sin decirles nada, sin hacer nada espectacular.

Solamente transmitiendo e irradiando todo lo que sale de tu ser; fruto de la relación espiritual entre tu y yo. resultado de aquellos momentos que a diario tenemos para nosotros, tu y yo. y aunque son solo unos minutos diarios y no tenemos tantas palabras, si tenemos un espacio y un lenguaje para mostrarte mi voluntad y llenarte de mi. así tu iras creciendo en espíritu, a travez de fortalecer tu fe y tu sabiduría. porque la iras exteriorizando, según sea tu meditación y discernimiento. y aunque tu no te veas, estarás en el proceso del crecimiento y de la transformación.

Si todo esto que te he dicho y confiado, lo has entendido; si lo has apuntado en tu libreta especial, las conclusiones de tu propia reflexión y si en verdad quieres seguir el camino, para que vivas y me permitas vivir en ti; te voy a dar la pauta a seguir, envuelta en toda la simplicidad y sencillez. sera el parámetro para que tu sepas si estas haciendo mi voluntad o no. es una pregunta que compacta toda una ideología, toda una filosofía, toda una teología, etc. en esta pregunta hay 0% de error y sera la base de tu transformación y el principio de una vida.

Porque la vida se vive en etapas, siempre se esta reiniciando en cada nueva etapa. así como el niño que esta terminando su 5` grado de educación primaria; es de los mas grandes en primaria, pero cuando pasa a secundaria, vuelve a ser de los mas pequeños. y cuando esta terminando la secundaria es de los mas grandes. pero al brincar a preparatoria vuelve a ser de los mas pequeños, comparado con los jóvenes que están por salir de ella. y si estudian una carrera, al recibirse sera uno de los profecionistas novatos, con relación a los que tienen años de experiencia. por lo tanto, mi hijo, te invito a que inicies una nueva etapa de tu vida, ahora con mas intensidad, con mejor actitud, con mas motivos de realización, a vivir conmigo y yo contigo.

Entonces pon atención a la pregunta que te vas a plantear en aquellos momentos de duda, en aquellas situaciones difíciles, etc. la pregunta es : que haría Jesús en mi lugar ? al actuar lo que te dicte tu conciencia y tu corazón ante esta pregunta, ten la seguridad que estas haciendo mi voluntad. en verdad siguiendo el camino y viviendo a plenitud.

Escribelo, mi hijo, en tu libreta especial, en tu mente y en tu espíritu y ahí, en esta pregunta esta cimentado tu crecimiento espiritual.

Atentamente tu amigo "DIOS"

No PODEMOS

tener

todo junto

pero

JUNTOS

podemos

TENERLO TODO

Apuntes